DU HAST MICH ANS LICHT GEHOBEN

Texte: Isolde Lachmann
Fotos: Elisabeth Fuchs-Hauffen

Fotokunst-Verlag Groh
Wörthsee und München

ISBN 3 89008 743 4

Immer wieder erlebt der Mensch sein Ungenügen – an sich selbst und an der Welt, die ihn umgibt. Wir stoßen an Grenzen, die uns verwunden. Je ehrlicher und ungeschützter wir sie erleben, desto mehr verfestigt sich in uns die Erkenntnis: dieses Ungenügen ist ein wesentlicher Bestandteil unseres Menschseins und weist über uns selbst hinaus. Wir müssen deshalb wahrgenommene Grenzen annehmen und versuchen, über sie hinauszuwachsen, um neues Land zu gewinnen. Wir überschreiten sie nur in einer offenen Begegnung; wer sich zurückzieht, bequeme Schleichwege ersinnt oder einfach nicht weitergeht, der bleibt in seinem Ungenügen stecken, wird friedlos, bitter und unversöhnlich.

Über Grenzen hinauswachsen kann der Mensch nur, wenn er ein Ziel vor sich hat. Gott hat uns ein Ziel angeboten, das uns von dem quälenden Gefühl des Ungenügens befreien kann: sich selbst. Gehen wir auf dieses Angebot ein, werden wir über uns hinausgeführt nach der Erfahrung des Paulus, zu dem der Herr gesagt hat: „Meine Kraft ist in den Schwachen mächtig“ (2 Kor 12,9). Damit erleben wir an uns ein geheimes Wirken, das uns langsam, aber stetig verändert. Wir lernen, die Wirklichkeit aus einem veränderten Blickwinkel zu sehen. So werden wir mit Gottes Hilfe immer tiefer erneuert.

Es ist ein weiter Weg: aus dem Dunkel der eigenen Begrenzungen über alle Grenzsituationen hinweg sich in das Licht der Gewißheit hinauszutasten. Diese Gewißheit ist es, die dem Glaubenden schon hier geschenkt wird als Abglanz der künftigen Vollendung.

„Herr, Du hast mich ans Licht gehoben. Laß mich in diesem Lichte leben.“

Am Ungenügen leiden

Ausgetrocknet
ist mein Herz
und begierig
nach dem Feuer
Deiner Gnade.

Wäre es
noch grünes Holz,
es könnte
ewig nicht entbrennen.

Vielleicht bin ich
nichts als ein alter Uferstein,
den die Flut Deiner Gnade
nur einmal im Leben
erreicht.

Vielleicht wird es
später einmal
Gnade gewesen sein,
diese Flut immerfort
erwartet zu haben.

Wie manches Ufer
haben wir nicht erreicht,
weil uns die Brücke
nicht mehr sicher genug schien.

Wie manche Gnadenstunde
haben wir aus Feigheit
und Bequemlichkeit vertan.

Vielleicht
werde ich nie
reif zur Ernte sein,
Herr.

Vielleicht
werde ich erst
in Deiner Scheuer
ausreifen müssen.

Diese Unsicherheit
macht mir angst
vor dem Schnitt.

Und dennoch will ich
nur in Deine Hand wachsen,
in Deine allgütige Hand.

Eine Insel bin ich
immer noch, mein Gott,
so sehr mich auch
Deine Sonne bescheint.

Wann werden sich
alle Wasser verlaufen,
und ich werde
ein einziges
untrennbares Festland
sein mit Dir!

Mein Leben, Herr,
ist ein einziger Steinbruch.

Aber manchen Stein davon
nahmst Du und fügtest ihn
zu einem neuen Bau.

Manches Bruchstück
aus meinem Leben war Dir
einen neuen Anfang wert.

Über die Grenzen hinauswachsen

Mitten durch
meine lebensvolle Blüte
kerbt das Leid
seine Kahlstellen.

Denn irgendwo
in meiner Blüte
muß Raum werden
für Dich.

Zäune
wachsen nicht
aus dem Boden;
sie werden
errichtet.

Du weißt, mein Gott,
wie viele Zäune
ich gezogen habe
aus Unverstand
und falschem Selbstschutz.

Mit den Jahren
ist mein Zaun
löchrig geworden,
und die Pfähle
sind locker.
Ich werde sie nicht erneuern.
Nun erst ist mein Weg
überallhin frei.

Wegstrecken gab es,
da mußte ich den Hals
schon ordentlich recken,
um einmal wieder
den Himmel zu sehen.

Aber sieh nur, Herr,
wie ich dadurch
gewachsen bin.

Selbst kleine Felsritzen
haben ihren Frühling.

Wissen wir,
in welch mageres Herz
Gott seine Samen senken kann
und lieben es nicht?

Was sich unterwegs
so ansammelt
an kleinen Enttäuschungen,
Irrtümern und Hindernissen!

Schenk mir, Herr,
den geraden Blick,
der alles
im richtigen Augenblick
zur Seite fegt,
damit ich wieder
den festen Grund fühle,
der mich trägt – Dich.

Nirgends sind die Wege
so dicht mit Kreuzen besetzt
wie auf Friedhöfen.

Aber es gibt
wohl auch nirgends
so viel gesammelte Hoffnung.

Ein Ziel vor sich haben

Ich bin aus meinem Boot
ausgestiegen, Herr,
und ging, unsicher zwar,
aber ging Dir entgegen.

Einer, der im Boot
sitzen bleibt,
wie soll der erfahren,
daß Du ihn auffängst
und trägst.

Jeden Morgen, mein Gott,
beginne ich neu mit Dir,
und manchmal heißt das
krummer Rücken und Schweiß
und schwielige Hände.

Aber daß ich trotzdem
kein anderer sein will
und nichts anderes tun will,
ist Deine Morgengabe
an mich.

Manche Wege
haben wir allein zu gehen
mitten durch blühendes Land,
und es fehlen uns
Blick und Wort
und Gleichklang der Schritte.

Manche Wanderer
führt Gott
einzeln zu sich.

Die kleinen
sinnlosen Umwege, Herr,
sind mein Weg zu Dir.

Geradewegs würde ich
Dich wahrscheinlich
verfehlen.

Wenn wir Dich suchen, Herr,
führst Du uns gern
zu andern.

Leichter als im Himmel
finden wir Dich
dort.

Wie viele Abende,
mein Gott,
habe ich
Deine goldene Stille
geatmet,
bis ich ganz frei wurde
vom Gewicht des Tages,
von der Unruhe der Zeit
und mich selbst
vergessen konnte
im Gebet.

Der Herr gibt den Rosen
ihre Zeit
und mir die meine.

Daß mein Leben
nicht so kurz währt
wie das ihre,
danke ich seiner Langmut.

Vielleicht will er
Größeres von mir ernten
als Hagebutten.

Meine Umwelt
wollte mich
immer anders haben.

Doch Du hast mich
ans Licht gehoben, Herr,
und nun ist mein Dasein
voll Freiheit und Glanz.

Vor Dir darf ich mich entfalten
und ganz das wenige sein,
das ich bin.

Die Langeweile,
mein Gott,
kannst Du
nicht erschaffen haben,
denn Du denkst
nur herzhaft bunte
und grenzenlos
vielfältige Gedanken.

Langeweile schafft
das verirrte,
ausgehöhlte Herz.

Seit mich
Dein Licht erreicht hat, Herr,
möchte ich
nichts sein als Treppe,
über die andere
Dein Licht erreichen.

Nicht immer
schenkst Du Blüte und Frucht
zur selben Zeit.

Und doch erfahre ich
immer wieder,
daß Du meinetwegen
altbefahrene Wege sprengst.

Je tiefer Dein Bild
in mich einsinkt,
desto ruhiger werde ich,
jeder Aufruhr
der Wellen vergeht.

Erst wenn ich
ganz zur Ruhe gekommen bin,
wird Dein Bild eindeutig
zu erkennen sein.

Das tut manchmal gut:
allein sein
zwischen Weg und Wolken
und Himmel und Halm.

Das tut manchmal gut:
in einer stillen
windbewegten Landschaft
Deinen Atem spüren,
Deinen Reichtum,
Dein Glück.

Gezeichnet bin ich
durch die Phantasie Deiner Liebe, Herr.

Mit Goldstaub
hauchtest Du mir Deinen Namen auf,
und Dein Atem hob mich ins Leben.

Immer wieder
finde ich Deinen Namen ausgedrückt
in der Einzigartigkeit
meines Daseins.

Viele Weidegründe
bin ich abgegangen, Herr.

Heute frage ich mich,
was um Himmels willen
mich dort hielt.

Denn satt bin ich erst,
seit Du für mich sorgst.

Vor Deiner Macht
erscheint mein Wirken
wie ein Blumenspiel
im Wind.

Weil Du mich
so klein erschaffen hast,
freu Dich
am Windhauch
meiner Gedanken,
an der Eintagsblüte
meines Tuns.

Ich denke
an die leeren Nächte, Herr,
in die ich ohne Licht
versank.

Nun aber flamme ich,
selber Stern geworden,
Deinem Stern entgegen.

Ich preise meinen Gott
für seine Schönheit,
von der das Geschaffene
diesseits und jenseits
der Erde zeugt.

Ich preise meinen Gott,
der das Kleine so wunderbar
wie das Große gestaltet hat
und das Geringe so großartig
wie das Auffällige.

Ich preise meinen Gott
für seine Liebe,
die ausgegossen ist
über alles Leben wie Funken
seiner ewig brennenden Sonne.

Ich preise meinen Gott,
der das Kleine ebenso achtet
wie das Große
und den Sünder liebt
wie den Heiligen.

Über alle Namen
preise ich meinen Gott.

ISOLDE LACHMANN, 1940 geboren in Linz/Oberösterreich. Schon in ihrer Schulzeit begann ihre lyrische Auseinandersetzung mit der Umwelt. Seit dem Abitur ist sie bei der Österreichischen Postverwaltung in Linz tätig. In der katholischen Gemeindearbeit wirkt sie aktiv mit. Ihre vorwiegend religiösen Texte sind in regionalen Zeitschriften wie auch in der Bundesrepublik erschienen. Im ORF wurden wiederholt Sendungen mit ihren Gedichten gestaltet. Im Jahr 1975 wurde ihr Gedichtband „Nun ist jeder Tag kostbar“ veröffentlicht. Einige Zeit galt ihr Interesse auch der japanischen Haiku-Dichtung. Sie ist an zwei Haiku-Publikationen japanischer Verlage beteiligt. 1977 erschien ihr Haiku-Gedichtband mit dem Titel „Traunsee“ als Handdruck.

Die Textinhalte des vorliegenden Buches sind als Ausdruck innerer Erkenntnis- und Erfahrungsabläufe zu verstehen. Insoweit sind sie Antwort in einem geistigen Lebensaustausch mit Gott.

ELISABETH FUCHS-HAUFFEN, geboren 1921 in Neuhammer bei Karlsbad. Ausbildung zur Fotografin im väterlichen Foto-Atelier. Ihr Vater war damals ein bekannter Landschaftsfotograf des Erzgebirges. 1953 Meisterprüfung in Überlingen/Bodensee. 13 Jahre später entschloß sie sich, nur noch freiberuflich tätig zu sein, um genug Zeit für die Landschaftsfotografie zu haben, der ihre besondere Vorliebe gilt.

Soweit die Fotos in dem vorliegenden Buch typische Landschaften zeigen, seien hier Hinweise gegeben:
Bodensee S. 7; im Pfossental (Südtirol) S. 9; bei Seis (Südtirol) S. 11;
Eibsee (Oberbayern) S. 13; blühendes Buchweizenfeld in Südtirol S. 17;
Schlern (Südtirol) S. 19; Friedhof von Kastelruth (Südtirol) S. 27;
Donau bei Obernzell (Niederbayern) S. 29; im Sarntal (Südtirol) S. 31;
bei Rieden (Ostallgäu) S. 33; bei Heiligenberg (Baden) S. 39; Nordsee
(Insel Sylt) S. 47; im Schlerngebiet (Südtirol) S. 57; Hopfensee (Allgäu) S. 59;
im Hegau (Baden-Württemberg) S. 61.